MEMOIRE

CONTENANT

DES

OBSERVATIONS

SUR LA DISPOSITION

DE LA NOUVELLE EGLISE

DE Ste GENEVIEVE,

par Desboeufs un des Eléves de l'Académie Royale d'Architecture.

Labor omnia vincit.
Improbus. Virg.

A LA HAYE,

M. DCC. LXV.

INTRODUCTION.

IL paroîtra peut-être surprenant qu'un jeune Artiste se soit chargé d'indiquer dans un Ecrit public, ce qu'il y a de défectueux dans la disposition générale de la nouvelle Eglise de Sainte Genevieve.

Mais la voix unanime de la Nation dont il n'est que l'écho; une noble passion pour la gloire, passion bien légitime, puisque la gloire est la principale récompense d'un Artiste, & le seul but que doivent envisager ceux qui travaillent pour la postérité. La vûe d'une foule d'inconvéniens qui l'ont frappé dans cette production, & auxquels il pense avoir trouvé des ressources; enfin la liberté attachée à la profession des beaux Arts, comme leur appanage le plus naturel : tous ces motifs l'ont déterminé à franchir les obstacles qu'une politique timide eut opposé à la démarche qu'il fait aujourd'hui. S'il ne s'agissoit que d'un Edifice obscur & sans nom, il auroit gardé le silence; mais il s'agit ici d'un

Edifice sacré du premier genre, aux frais du quel toute la France contribue. C'est un monument public, & le plus remarquable du règne de notre auguste Monarque, il ne falloit donc faire rien qui fut inférieur à l'attente des personnes pieuses & illustres qui ont contribué de tout ce qui dépendoit d'elles, pour ériger au Seigneur un Temple digne de sa majesté suprême, & enrichir cette Capitale d'un nouveau chef-d'œuvre d'Architecture. Il ne falloit rien donner d'inférieur au progrès que cet Art a dû naturellement faire depuis le siécle de Louis XIV. Les Perraults, les Mansarts n'auroient-ils donc laissé après eux que le desespoir de les atteindre? Loin de nous des idées injurieuses à la mémoire de ces grands hommes! Leurs productions immortelles, dépositaires du goût de la saine Architecture, sont faites pour guider, pour enflammer le génie, & non pas pour l'effrayer.

Dira-t-on que les Arts éprouvent dans la personne de Sa Majesté un protecteur moins bienfaisant que son auguste Bisayeul? Mais ce reproche seroit aussi faux qu'indécent. Sa Majesté a procuré tous les moyens nécessaires pour faciliter la construction de cette Eglise, soit par ses libéralités particulieres, soit en assignant relativement à cet objet, le produit d'une recette périodique, fond que la cupidité séduite par l'espérance, entretient & renouvelle sans cesse. Que pouvoit faire de plus avantageux ce Monarque, pour engager la reine des Arts à lui enfanter un chef-d'œuvre digne de sa piété & de sa munificence ? L'Architecte ne devoit-il pas par tous les efforts de son génie seconder les vûes de son Prince, & remplir l'attente de ses concitoyens ? Tout favorisoit une si belle entreprise : les dépenses illimitées ; un terrein assez vaste pour contenir un édifice plus considérable du double ; en un mot toutes les difficultés applanies. Et cependant à voir la disposition de ce Temple, on diroit que plus on a donné de liberté à cet Architecte, moins il a donné d'essor à son imagination ; & par une fatalité singuliere, le nombre des fautes qu'on remarque dans cet Edifice, semble croitre en raifon des moyens qu'il avoit de les éviter.

Qu'on ne prenne point ceci pour une déclamation outrée, fuggérée par la haine ou l'envie : il va être démontré par une analyfe exacte du projet de Ste Genevieve, que l'Architecte s'eft mépris, non-feulement dans la décoration, mais dans des objets encore plus effentiels. On verra alors que des motifs bas & honteux n'entrent pour rien dans la difcuffion que l'on met fous les yeux du public, mais feulement qu'on a donné une définition affez exacte du procédé de cet Architecte.

Les traits des grands Maîtres qui nous ont précédés feront appellés pour juger de la décoration : le public a porté fon jugement fur la difpofition, & l'on ne fera ici que le réfumer.

DESCRIPTION
DE LA
DÉCORATION EXTERIEURE.

EN montant vers la porte Saint Jacques, on appercevra sur la gauche le Frontispice de la nouvelle Eglise. Un Peristyle coloffal en annonce l'entrée : l'entablement qui le surmonte se perpétue tout à l'entour de l'Edifice. On découvrira en même-tems aux deux extrêmités du Peristyle deux arriere-corps en aîle, assez étendus, formés par les deux branches de la Croix, & qui par leur disposition feront ensemble avec le Peristyle.

Sans examiner ici si les Peristyles font naturellement faits pour annoncer l'entrée de nos Edifices sacrés, on dira seulement que ceux qui raisonnent pertinemment sur la théorie de l'Art relativement à ce genre d'édifices, ont cru remarquer que l'éten-

A iv

due des Entablemens, membres indispensables des Periſtyles, perpétuent les lignes horizontales avec trop de continuité.

Les Gothiques arabeſques qui ont précédé les reſtaurateurs de l'Architecture antique, ſemblent avoir donné des leçons à ces derniers venus ſur le véritable caractere des Frontiſpices de nos Temples. On remarque à l'aſpect de leurs principales formes, qu'ils montoient ſe réunir à un point pour en deſcendre auſſi majeſtueuſement qu'ils s'étoient élevés.

Ce n'eſt pas que l'on prétende reprocher à l'Architecte de Ste Genevieve ce morceau connu digne d'imitation, qu'il a adopté pour faire partie de ſon Frontiſpice : mais encore falloit-il que ſa décoration portât le caractere d'unité qui eſt celui de la ſaine Architecture.

Une Architecture Une, eſt celle dont toutes les parties ſont dans un rapport ſi exact, qu'elles ſemblent n'avoir été faites que les unes pour les autres. D'après ce principe, examinons ſi le Frontiſpice de Ste Genevieve est composé de parties faites pour aller ensemble.

DESCRIPTION
DU FRONTISPICE.

UN ordre Corinthien que l'on médite d'élever jusqu'à soixante pieds ou environ, contiendra dans ses entre-colonnemens une porte assez petite pour aller avec un ordre qui seroit moitié plus court. La porte du Pantheon à Rome est plus grande, quoique le Peristyle qui se trouve devant cette Rotonde soit moins colossal que ne sera celui de Ste Genevieve. Pourquoi n'a-t-on pas pris ses dimentions pour en faire une semblable? Ne pouvoit-on pas éviter de la placer sur un avant-corps étroit qui monte de toute la hauteur de l'ordre : il a toujours paru que les avant-corps étroits ne réussissoient que sur les flancs d'un édifice. On donnera peut-être des raisons de construction pour refuter cette proposition.

Mais la plûpart des gens de l'Art sentiront qu'il étoit possible d'éviter cette médiocrité, sur-tout dans l'endroit qui frappera le plus la vûe en arrivant sous ce Peristyle.

D'un autre côté l'on n'a pas fait reflexion au peu d'étendue des jours qui régnent autour de l'Edifice, & dont un certain nombre fait partie de la décoration des arriere-corps du Frontispice. La hauteur de leur baye égalera tout au plus le tiers de la hauteur de l'ordre, & leur largeur sera à peine de huit pieds. Les croisées du Château de S. Hubert qui n'est qu'une maison de chasse, sont presque aussi grandes, puisqu'elles ont sept pieds. Il y a cependant une grande différence entre une maison de plaisance & un Temple de la premiere étendue.

Il ne faut pas s'imaginer nous avoir persuadé de la beauté du Frontispice, par cette charmante illusion de la peinture faite pour enlever le suffrage de ceux qui ignorent d'où ce morceau est imité. Pour juger pertinemment, il eut fallu voir ce Peristyle peint avec les arriere-corps où l'on voit ces petits jours dont nous venons de parler; & de plus il eut fallu peindre le tout du vrai ton de la pierre, éviter les tons rouceâtres & métalliques : car si la pierre de Bagneux produisoit de pareils effets de clair-obscur, nous posséderions un trésor minéral plus précieux que les marbres antiques de Paros, de Candie & d'Egypte : il eut encore fallu faire appercevoir la coupole ou la piramide qui doit couronner cet Edifice.

La tour destinée à supporter cette piramide, sera composée d'un ordre moitié plus petit que celui du Peristyle. La grandeur de l'un fera paroître l'autre nain ; d'ailleurs le point d'optique pris de la rue S. Jacques, ne permettra d'appercevoir que le quart des colonnes qui seront les plus exposées en vûe ; à peine verra-t-on le chapiteau de celles que la pointe du fronton couvrira. L'Architecte a crû corriger cette défectuosité en mettant au dessus de l'ordonnance du Dôme un attique ou acreterre, qui joint à l'entablement ne servira qu'à faire sentir d'avantage la petitesse de ses supports.

A vj

Une coupole ou une piramide en dales * de forme écrasée, est destinée à terminer le tout : mais comment a-t-on pû voir avec indifférence la maniere dont on a couronné le Dôme de S. Pierre de Rome, celui de la Sorbonne, du Val-de-grace & des Invalides ? Pourquoi l'Architecte de Sainte Genevieve, après n'avoir été qu'un foible imitateur dans tout le reste de l'Edifice, a-t-il cherché à paroître original dans cet endroit ? Comment a-t-on pû s'imaginer nous donner un trait relatif au sujet, en se proposant de couronner la tour du Dôme ainsi que les Egyptiens combloient leurs Temples ? Pourquoi a-t-on méprisé la route qu'avoient frayée le Mercier, le Duc, le Muet, & sur-tout Hardouin Mansart ? Il falloit faire réflexion que ces célébres Artistes, enrichis par les progrès successifs des connoissances humaines, se sont crus autorisés par la raison à prendre à cet égard une route opposée à celle de ces peuples, qui

* Dale, espece de gradins de pierre disposés en pente les uns sur les autres, dont les anciens combloient leurs édifices.

non-seulement pour les mœurs & le climat, n'ont rien d'analogue avec nous, mais dont la religion exigeant un culte & des cérémonies tout-à-fait différentes des nôtres, ne fournit aucun motif qui puisse influer sur la forme que des Chrétiens doivent donner à leurs Temples.

Tous ces Architectes avoient fait attention qu'à S. Pierre de Rome les côtes ou bandes qui montent sur la calote du Dôme, conduisent la verticalité commencée par les colonnes jusqu'au pied de la lanterne, dont la forme jusqu'au sommet ne semble être que la suite de la direction des mêmes lignes. Certainement le germe de ce trait de génie, a été puisé dans les productions des Architectes Goths; on y trouve peu de lignes horizontales d'une grande étendue. Ils élevoient leurs Frontispices à une hauteur prodigieuse, sur-tout les Arabesques. On peut juger de l'effet que les lignes verticales produisent chez eux, par l'exemple que nous en avons au Portail de Rheims.

Voici encore une faute dans la

décoration, qui n'eſt pas moins conſidérable que celle dont on vient de parler.

L'Architecte de Ste Genevieve, quelques années après avoir jetté les fondations générales de ſon Egliſe, s'eſt apperçu qu'il avoit oublié la place des cloches. Auſſi-tôt il a fait jetter les fondations de deux Tours vers le chevet, & il n'a pas fait attention qu'elles alloient obſcurcir par leur diſpoſition les bas côtés du Chœur, & déranger d'une maniere trop ſenſible la décoration latérale. Quand on fait le plan d'un édifice quelconque, on doit toujours procéder de maniere à accorder la diverſité des objets néceſſaires avec la régularité de l'enſemble.

Nous croyons par tout ce qui a été dit ci-deſſus, avoir ſuffiſamment prouvé que l'Architecture du Frontiſpice étoit diſparate : examinons ſi la décoration intérieure peut nous en dédommager.

DE LA DÉCORATION
INTÉRIEURE.

IL importe avant tout, d'obferver que les quatre bras de cette Eglife en croix Grecque, préfentent quatre plans rectangles. Un du côté de la rue S. Jacques, l'autre à l'oppofition en face de l'Abbaye; le troifiéme qui aboutit au carré de Ste Genevieve, & le quatriéme à l'oppofite vers l'Eftrapade : enforte que la partie du centre deftinée à être couverte par la coupole forme leur point de réunion. Cela pofé, il faut favoir que le milieu, ou fi l'on veut, que la nef de chacun des bras de cette Eglife en croix, fera décorée d'arcades élevées fur plan paralelle aux quatre côtés. Ces quatre arcades ou portiques fupporteront la voûte en calotte, à l'aide des quatre pendentifs * entre les reins des arcs,

* Pendentif, terme d'Architecture qui défigne la partie qui eft entre les arcs des nefs de la croifée d'une Eglife, & qui s'avance pour re-

ainsi qu'on peut le voir, à quelque différence près, au centre des Eglises Paroissiales de S. Roch & de S. Louis dans l'isle ; par ce moyen il est aisé de s'appercevoir que les voûtes des quatre bras de cette Eglise en croix grecque, seront terminées ainsi que celles de S. Marc à Venise, à l'exception qu'on a percé les culs-de-four dans l'édifice Vénitien, afin de produire plus de varieté dans les voûtes, ce qu'on n'a pas fait à Ste Genevieve.

Des parties de colonnades serviront de pieds droits aux arcades ou portiques pris dans toute la hauteur des voûtes ; lesquels portiques seront traversés par les entre-colonnemens serrés des bas-côtés, ce qui laissera l'arc de chacun de ces portiques à remplir, l'on ne sait trop comment, pour ne cevoir l'entablement circulaire qui couronne ces arcs. Au reste, on peut voir l'explication de ce terme plus historiée, dans une Brochure qui a paru l'année derniere, sous le titre d'*Histoire de la disposition & des formes différentes que les Chrétiens ont données à leurs Temples depuis le regne de Constantin le Grand jusqu'à nous*.

pas interrompre l'analogie qui doit exister entre l'espace que forment ces arcades & les parties destinées à les diviser.

Il est bon ici de faire attention que les peristyles ou colonnades ne pouvant servir que de jambages aux arcades formées de toute l'étendue des voûtes, ils laissent nécessairement un vuide étranger au sujet, lorsqu'on ne les emploie pas à en soutenir la retombée; si ce n'est dans le cas où ces colonnades supporteroient des arcs de portique d'une certaine étendue inscrits dans d'autres plus considérables.

Pour n'avoir pas fait cette observation, l'Architecte de Ste Genevieve tombe dans un inconvénient de la premiere conséquence. Il divise sur ses nefs la partie inférieure de la plûpart des arcades en trois entre-colonnemens très-serrés, amenés par la rencontre des bas-côtés, sans faire attention que ces trois espaces allongés & étroits n'auront aucun rapport avec l'arc qui les surmonte : & non content de partager l'étendue de chacun de ces portiques d'une maniere aussi ingrate, il redivise l'arc de chacun d'eux en trois portions de cercle, dont ceux d'extrêmités seront muraillés. Si on a cru qu'il étoit nécessaire de former deux secteurs* & un rectangle bombé dans la partie supérieure des arcades, pour se r'accorder à la direction des entre-colonnemens qui passent au dessous, il est aisé de prouver que la ressource est pire que l'inconvénient; car cela formera des piéces de rapport qui auront d'autant moins de connexité avec les parties inférieures, que la courbe de l'arc détruira l'analogie qui devoit exister entre le sommet & la base de chacune de ces formes.

Ce n'est pas tout: les jours que l'on médite de pratiquer au milieu de ces arcs, seront masqués par la hauteur du mur extérieur, dont on appercevra une grande partie à travers les vîtraux toutes les fois qu'ils seront considérés des bas-côtés opposés. De douze portiques qui forment la majeure partie de la décoration, il y en aura dix qui

* Secteur, terme de Geométrie qui signifie une partie de cercle prise entre deux rayons.

se trouveront interrompus d'une manière aussi bizarre. Que l'on juge après cela de la beauté prétendue de ce monument, de la vûe duquel * *il résultera un spectacle enchanteur, dont nous ne pouvons nous former que de foibles idées.*

Puisqu'on vouloit faire des bas-côtés en colonnades, on devoit s'arranger de manière qu'ils supportassent la retombée des voûtes, comme l'Architecte de la Madeleine médite de le faire. M. Contant perce à l'extrêmité voisine du centre de chacuns des bras de son Eglise, des portiques en tout sens pris dans toute la hauteur des voûtes : mais il n'a eu garde de remplir leurs vuides comme on fera à Sainte Geneviève ; au contraire ces arcades se communiquent toutes les unes aux autres, de toute l'étendue dont elles ont été ouvertes sur le devant des nefs, ce qui prouve qu'il étoit possible de tenir à cet égard une autre conduite que l'Architecte de Ste Geneviève.

Mais dira-t-on on n'eut plus eut de bas-côtés, & l'Eglise n'eut plus pré-

* Histoire de la Disposition, &c. p. 85.

senté à l'extérieur le plan d'une croix bien exprimée.

On répondra à cela, que cette Eglise n'est ni Cathédrale ni Paroisse, mais seulement un monument sacré du premier genre élevé par la magnificence Royale, que c'étoit une raison suffisante pour se permettre de substituer à ces bas-côtés une disposition nouvelle puisée dans le génie de l'Architecte, & perfectionnée par l'acquit qu'il doit avoir sur la théorie de son Art. D'ailleurs il étoit fort peu nécessaire que ce Temple eut à l'extérieur la forme affectée d'une croix, puisqu'il sera impossible de la remarquer d'un seul coup d'œil, si ce n'est en vûe d'oiseau.

L'Architecte auroit dû au moins se reserver le centre, pour y produire tout ce que l'Architecture à de plus pompeux & de plus magnifique, puisque le génie d'un Artiste le doit conduire en progression depuis l'entrée du Temple jusqu'à cette partie de l'Edifice ; on ne s'imagineroit pas que pour y produire un effet brillant on l'a décoré en pilastres, ce qui contredit ouvertement le procédé d'Hardouin Mansart à la Chapelle des Invalides; car ce grand Architecte, après avoir décoré simplement les autres parties de l'intérieur en pilastres, amene au centre des colonnes Corinthiennes isolées, dans la seule vûe de satisfaire à la richesse & à la dignité que cet endroit lui paroissoit exiger par préférence à toutes les autres parties.

Pourquoi donc l'Architecte de Ste Genèvieve porscrit-il au centre de son Eglise la décoration en colonnes isolées, après les avoir employées avec une profussion singuliere dans tout le reste de l'Edifice? Ne pouvoit-il pas éviter d'approximer si fort des nefs les quatre motifs du centre, au moyen de quoi il n'eut pas engagé les colonnes sur le devant des principales parties? Les regles élémentaires de notre Art ne permettent tout au plus d'engager les colonnes Corinthiennes dans les massifs, que lorsqu'on a indiqué auparavant la délicatesse de cet ordre, par des formes isolées si propres à dégager l'intérieur de nos édifices sacrés.

Ce qu'il y a de furprenant, c'eft que l'Architecte de Ste Genevieve, après avoir vû l'intérieur d'un Temple antique qui fe trouve dans Piranefe *, n'ait pas fait attention que l'on n'y remarque aucune colonne engagée fur le devant des nefs, & que plufieurs portiques pris dans toute la hauteur des voûtes s'y voient infcrits dans de plus confidérables, & produifent un effet merveilleux. La feule vûe de ces belles formes devoit engager à ne leur pas préférer d'autres traits inférieurs que l'on remarque dans certains endroits de ce beau morceau : d'ailleurs on pouvoit éviter de multiplier & de ferrer les entre-collonnemens, puifque l'art de bâtir préfente maintenant des reffources inconnues aux anciens. L'ignorance où ils étoient de la coupe des pierres, les forçoit non-feulement à multiplier les points d'appui, mais encore à les rapprocher; & cela pour deux raifons : premierement ils ne favoient pas arrêter avec autant d'art que nous la force & l'étendue des pouffées de leurs voûtes dans

* Architecte Italien.

toutes les directions. En second lieu, parce qu'aucune de leurs plattes-bandes ne pouvoit être que d'un seul morceau de pierre. Si l'on eut reculé les grandes parties jusqu'aux extrêmités en tout sens de cette Eglise, on eut évité de soumettre l'étendue des jours au peu de largeur des entre-colonnemens; ils auroient eu une taille beaucoup plus considérable, analogue à l'étendue des formes qui les auroient contenües : il ne falloit pas à ce sujet prendre exemple des Egyptiens ou des Grecs. S'ils ont fait de petits jours à leurs Temples, c'étoit tout-à-la-fois par raison de construction & par motif de religion : comme ils représentoient leurs principaux Dieux avec les attributs les plus terribles de la puissance, conformément à l'idée qu'ils se formoient de la Divinité, ils cherchoient encore à ajouter par l'obscurité de leurs Temples, aux impressions de crainte & de respect qu'inspiroit déja tout cet appareil redoutable.

Au contraire, les Gothiques Arabesques faisoient de grands jours aux Edifices sacrés, afin de ne pas démentir l'étendue de leur enſemble, propre à caractériſer la majeſté du vrai Dieu; & malgré la grandeur & l'étendue de ces jours, ils trouvoient le ſecret de tempérer le trop grand éclat de la lumiere, afin de favoriſer le recueillement indiſpenſable pour aſſiſter avec fruit à la célébration des ſaints Myſteres.

Il falloit faire toutes ces obſervations, & par ce moyen on eut mis à profit tout ce que l'art a pû produire d'intéreſſant, afin de conſtruire un Temple tel que le zèle & la piété du Souverain avoient droit de l'exiger; ſans cependant perdre de vûe ce principe, que nous ne devons regarder ce qui a été trouvé en Architecture, que comme un fond dans lequel il n'eſt permis de puiſer qu'à condition de l'enrichir. Le détail où nous allons entrer par rapport à certains objets de convenance, achevera de convaincre combien l'on s'eſt écarté d'un procédé auſſi ſage & auſſi conforme à la raiſon.

DESCRIPTION

DESCRIPTION

Des inconvéniens de la disposition intérieure.

DÈs qu'il a été question de bâtir la nouvelle Eglise de Ste Genevieve, l'Architecte sur lequel on a jetté les yeux à dû se dire à lui-même : je vais bâtir un Temple dédié à la Patrone d'une des plus grandes villes du monde, l'objet de la vénération & du culte d'un peuple inombrable ; il faut donc que je fasse un monument vaste, capable de mettre à l'aise la foule la plus considérable.

L'Architecte de Ste Genevieve a-t-il raisonné ainsi avec lui-même ? Il n'y paroît pas. Son Edifice n'aura environ que onze cent toises superficielles,* tandis que la Cathédrale de Paris en a quinze cent. Cependant le terrein étoit assez étendu pour contenir un vaisseau plus grand que Notre-Dame, & cette

* Ce toisé est celui de l'intérieur.

icence, fi s'en eut été une, devenoit excufable par bien des raifons. *

On objectera peut-être que dans Notre-Dame toutes les Chapelles fermées des bas-côtés enlévent à la fuperficie une grande partie de fon étendue : A cela on répondra que les Tribunes qui régnent tout le long de la nef du Chœur, dédommagent par la capacité qu'elles ont de l'inutilité de fes Chapelles fermees. D'ailleurs, les Chapelles à Ste Genevieve embarrafferont beaucoup plus qu'à Notre-Dame, par l'interruption qu'elles occafionneront dans les bas-côtés qui n'ont que

* L'Eglife de Sainte Genevieve, relativement à la célébrité de la Sainte dont elle porte le nom, fembloit exiger une étendue auffi vafte que celle de la Cathédrale, puifque dans les tems de calamité, l'affluence du peuple y eft même plus confidérable qu'à Notre-Dame : D'ailleurs il faut obferver que la Cathédrale de Paris a été bâtie dans un tems où cette ville étoit refferrée dans des limites beaucoup plus étroites qu'aujourd'hui, & par conféquent moins peuplée. Un Architecte doit faire attention à toutes ces chofes, & s'accommoder aux tems aux lieux & aux circonftances.

neuf pieds de large entre les dez des bases; encore a-t-on été obligé de diminuer le diametre de l'ordre, & de multiplier la base attique pour leur procurer cette étendue : & sans corriger un inconvénient on est tombé dans un autre, en détruisant la colossalité des colonnes qui n'étoient déja que trop petites pour l'intérieur d'un édifice de cette conséquence.

A l'égard de la situation désavantageuse des Chapelles relativement au peu de largeur des bas-côtés, il en résulte un inconvénient très-facheux : car interrompant comme elles-font la continuité directe, elles exposeront le public au désordre les jours solemnels. Les balustrades qui les entourent obligeront à retourner d'équerre avec d'autant plus de gêne, que les bases se trouvant à terre on courra risque de s'estropier contre leurs angles, qui formant l'empâtement le plus écarté du fut des colonnes, forcera bien des gens accablés par la foule à manquer d'équilibre.

L'Architecte a prévû que lorsqu'on diroit la Messe aux Chapelles dont nous venons de parler, la jonction des bas-côtés se trouveroit souvent bouchée par la multitude des assistans, & par conséquent on intercepteroit la communication. Il a crû remédier à cette incommodité, en pratiquant des engagemens ainsi qu'on le feroit dans un édifice privé ; mais il n'a pas pris garde que cette ressource étoit très-foible : ces passages se trouvant trop proches de l'angle de jonction des bas-côtés, il faudra pour gagner ces petits défilés les jours où la foule abondera, presser la multitude, ensorte que ceux qui seront sur le bord des marches voisines de ces issues seront dans le danger d'en être précipités.

Il est aisé de remarquer que pour s'être, à l'extérieur, asservi sans raison à la forme d'une croix Grecque, on a multiplié dans l'intérieur tous les inconvéniens dont on vient de faire le détail. Ne valloit-il pas mieux sacrifier cette vaine forme pour satisfaire à des objets plus essentiels : car enfin il est fâcheux d'avoir été réduit à la nécessité de faire des passages de dégagement pour faciliter la communication des quatre bras d'une Eglise, dont les parties ne devroient se communiquer que par des espaces proportionnées à l'étendue générale de ce Temple. Les mêmes raisons de convenance devoient faire éviter de placer l'escalier de l'Eglise-souterraine autour de la Châsse : il arrivera de-là que ceux qui par dévotion tourneront autour de la Châsse, (cérémonie fort ordinaire à laquelle l'Architecte devoit faire attention,) seront souvent dérangés d'une maniere tumultueuse par ceux qui voudront aller à l'Eglise-basse ou qui en reviendront. D'ailleurs en plaçant la Châsse au centre du Dôme, on masquera l'Autel à ceux qui viendront en ligne directe de la grande porte.

Le bruit court que pour réparer ce double inconvénient, il a fait d'abord déboucher vers le chevet de l'Eglise deux anciennes descentes qui avoient été comblées pendant long-tems comme étant inutiles ; & qu'ensuite on transportera la châsse au fond de l'Eglise derriere le maître-Autel. Il y a tout lieu de croire le remède pire que le mal : car en conséquence de ce nouvel arrangement, le gros de la foule se portera nécessairement autour du Chœur, & on ne pourra arriver à cette partie de l'Eglise que par la jonction des bas-côtés, & par ces dégagemens étroits dont nous avons parlé plus haut. Comment y passera-t-on, quand une partie de la foule s'y sera fixée ? Ce sera encore pis quand Messieurs les Chanoines * viendront pour gagner le Chœur ou s'en retourneront: les personnes foibles comme les femmes & les enfans, accablés de toutes parts par la foule, courront risque de se blesser dangereusement contre les balustrades des Chapelles dont nous venons de parler, & par le tumulte que cela occasionnera, interrompront les Prêtres dans un ministere qui demande du silence, de l'ordre & du respect.

* Il eut été décent que des Chanoines réguliers eussent pû venir au Chœur sans être obligés de passer par la multitude des deux sexes dont ils seront entierement environnés pendant l'Office.

CONCLUSION.

ON croit avoir satisfait au double objet qu'on s'est proposé dans ce Mémoire. On s'est contenté de dénoncer les parties les plus défectueuses de la décoration. A l'égard des inconvéniens dans la Disposition que le Public a pour ainsi-dire vérifiée par lui-même, l'on s'est crû obligé de n'en omettre aucuns; mais l'on n'a pas fait l'une & l'autre description sans être pleinement convaincu qu'il est encore possible de remédier à tout sans être obligé à une dépense bien considérable. L'Auteur de ce Mémoire, qui l'est aussi d'un nouveau projet pour Ste Genevieve, sçait que les fondations actuelles présentent à l'art de la coupe des pierres, des ressources capables de réparer tous les inconvéniens dont nous avons parlé, d'une maniere même avantageuse. Sans doute il faut bien connoître pour cela les dessous de cette construction; mais il a été témoins de toutes les opérations qui se sont faites sur le terrein, il les a suivies avec réflexion, & n'a profité du feu de sa jeunesse que pour s'appliquer avec plus de sagacité à la multitude des recherches qu'il a fallu faire pour réussir dans un projet aussi difficile. Car il a fallu trouver le moyen d'enter pour ainsi-dire, sur des fondations étrangeres, un édifice conçu & disposé différemment que celui auquel on le substitue, & cependant faire du tout un un bel ensemble.

Par sa nouvelle disposition, l'Auteur montre qu'il est possible d'ajouter environ cent soixante toises superficielles à l'intérieur de ce Temple, & d'aggrandir encore l'espace destiné à contenir le peuple, par l'emplacement plus ménagé & plus convenable du Chœur de Messieurs les Chanoines, & par la suppression d'un grand nombre de colonnes; suppression qui sert encore à produire l'heureuse illusion de faire paroître l'Eglise plus vaste en tout sens qu'elle ne l'est effectivement.

Mais dira-t-on, on convient que l'Eglise de Ste Genevieve ne sera pas aussi parfaite qu'elle auroit pû l'être, les défauts en sont sensibles; mais s'est s'y prendre trop tard pour en propofer la réforme, la conftruction eft fi avancée.... Cette objection à quelque chofe de fpécieux, cependant il eft facile de la détruire.

Il eft certain qu'il eut été à tous égards plus avantageux de s'appercevoir des défauts de cet Edifice quand on a commencé à le conftruire : il eft à préfumer qu'on fe fut mis dès-lors en devoir d'y remédier. Mais comment cela auroit il pû fe faire ? Le Public n'a vû pendant long-tems ce monument que fur des Eftampes auxquelles il n'a fait que peu ou point du tout d'attention; & d'ailleurs peut-on d'après des gravures fouvent infidéles, fe rendre raifon à foi-même du véritable effet que produira l'enfemble d'un monument: au lieu que la fenfation que produifent des objets rendus à leur forme & à leur fituation naturelles eft plus vive & plus réelle, elle affecte dans un même degré l'ignorant & le connoiffeur, l'homme du peuple & le courtifan. La réputation de l'Architecte n'eft alors comptée pour rien, l'illufion d'un art étranger ne féduit plus, c'eft l'ouvrage seul & en lui-même qu'on examine & qu'on juge.

C'est ce qui est arrivé à l'occasion d'une cérémonie auguste qui a procuré à cette Capitale le plaisir toujours nouveau de voir son Souverain. Après que Sa Majesté se fut retirée, tout le peuple fut admis à parcourir le Bâtiment, & il a joui de cette liberté pendant plusieurs jours : c'est alors que chacun a pû remarquer par lui-même & sur le terrein tous les inconvéniens dont nous venons de présenter le tableau.

On ne craint donc pas de le dire, & l'événement le justifie, il étoit nécessaire que la construction fut aussi avancée qu'elle l'est actuellement, pour qu'on put s'appercevoir des défauts qui existent dans cet Edifice ; & la perte occasionnée par la démolition qu'on seroit obligé de faire si le nouveau projet étoit accepté, est trop peu de chose pour balancer un instant les avantages qui en résulteront. Il seroit aisé de s'en convaincre, si la prudence permettoit de faire ici un détail circonstancié du projet qu'on propose ; il suffit de prévenir qu'on a donné à l'économie tout ce qu'on a pû, sans manquer à la dignité du sujet qu'on avoit à traiter.

Le jeune Artiste qui a consacré ses peines à un ouvrage aussi pénible, espere que la vûe des Desseins qu'il a composés, établira d'une maniere encore plus sensible qu'aucun écrit, la possibilité, l'utilité de la forme d'un monument qui intéresse également le Prince & les Citoyens.

Pour lui il déclare que la gloire a été son unique objet : ses efforts n'ont tendu qu'à la perfection. A-t-il saisi ce point si difficile ? C'est aux gens de goût, aux connoisseurs qui verront son ouvrage avec des yeux désintéressés à décider cette question : il recuse tout autre jugement prononcé par l'ignorance ou dicté par la prévention. Cependant quelque soit le succès de cette entreprise, il s'applaudira toujours de l'avoir hazardée, persuadé que dans un noble projet la chûte même est honorable ; & que d'ailleurs si cette production n'est pas une marque de ses talens, elle sera du moins la preuve du zèle qui l'anime pour l'embelissement de sa Patrie, & la gloire du Prince Bien-Aimé qui la gouverne.

www.ingramcontent.com/pod-product-compliance
Lightning Source LLC
Chambersburg PA
CBHW060721050426
42451CB00010B/1563